AF263896

BALLET ROYAL DE FLORE.

Danſé par ſa Majeſté, le mois de Février 1669.

A PARIS,

Par ROBERT BALLARD, ſeul Imprimeur du Roy pour la Muſique.

M. DC. LXIX.

AVEC PRIVILEGE DV ROY.

(9)

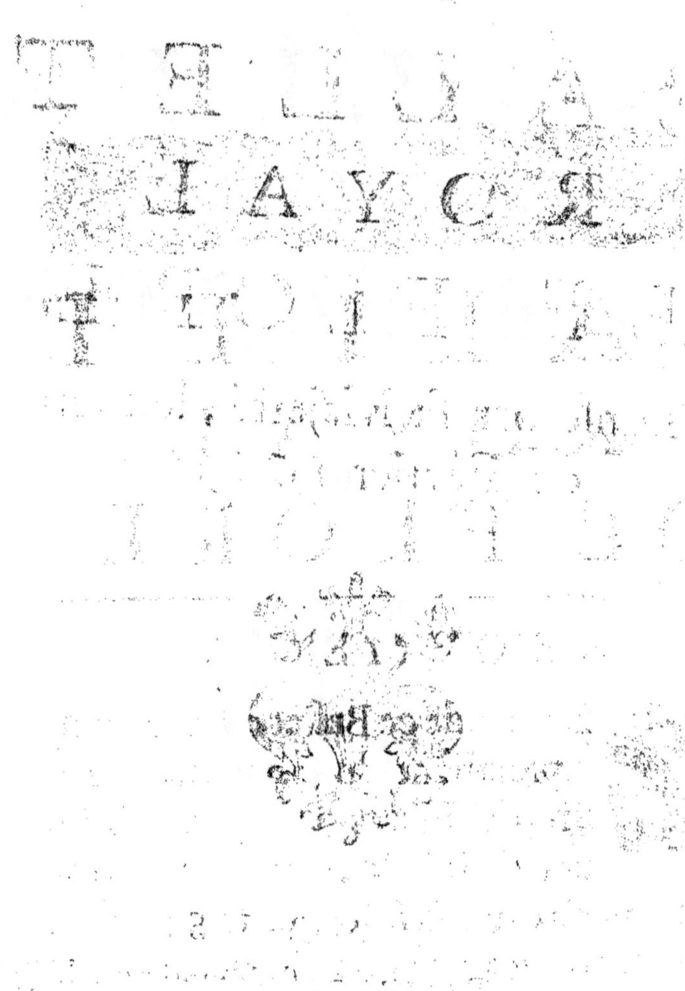

BALLET ROYAL DE FLORE.

ARGVMENT.

L E ſujet de ce Ballet eſt tiré principalement du cinquieſme Liure des Faſtes d'Ouide. L'Hyuer en fait le recit, le Soleil le chaſſe auec toute ſa ſuite, change la face du Theatre en vne agreable verdure, & commande aux Elemens de contribüer à la douceur de la nouuelle ſaiſon. Flore deſcend du Ciel accompagnée de la Beauté, de la Ieuneſſe, de l'Abondance, & de la

A ij

Felicité. Les Nymphes des Bois, des Prez, & des Eaux luy rendent leurs hommages, le Printemps, les Amours, & les Zephirs prennent possession de la Terre. Les Iardiniers fournissent aux Galans des Bouquets, qu'ils presentent à leurs Maistresses, Comus Dieu du Diuertissement & de la Galanterie se mesle à leur troupe. Huit jeûnes débauchez au milieu d'vn Festin se font couronner de fleurs par leurs Esclaues, vont apres les Tables leuées attacher leurs Couronnes à la porte de deux Noueaux Mariez, & leur donnent vne Serenade. Le Theatre se change, & represente les Iardins merueilleux dont Zephire fit present à Flore au temps qu'il l'Epousa, l'Aurore y fait tomber la Rosée, les Heures y cüeillent des fleurs, & les Graces en forment des Couronnes pour les Dieux, Venus se promenant y apperçoit vne Anemone qui luy donne occasion de faire ses plaintes de la mort

d'Adonis

d'Adonis, Vertumne s'y rencontre auec cinq Figures, aufquelles il fe change or-dinairement. Proferpine cüeillant des fleurs auec fes Compagnes eft enle-uée par Pluton fuiuy de fes Demons. Six Heros changez en fleurs difputent de leur préeminence ; Iupiter prononce par la voix du Deftin qu'elle n'appartient qu'aux Lys, & change ces Iardins en vn Temple dedié à Flore. Les quatre Par-ties du Monde accompagnées de leurs Quadrilles y viennent celebrer les Feftes de cette Deeffe, & rendre l'honneur qui eft deu aux Lys.

Ce Ballet pris en fon fens allegorique marque la Paix que le Roy vient de don-ner à l'Europe, l'abondance & le bonheur dont il comble fes fujets, & le refpect qu'ont pour fa Majefté tous les Peuples de la Terre : Madame qu'vn heureux accident a empefché d'y remplir le Per-fonnage de Flore eft la feule qui refte à defirer pour la perfection de ce Spectacle.

L'AVTEVR
DES VERS DV BALLET
AVX DAMES.
RONDEAV.

IE suis trop las de joüer ce rolet,
Depuis long-temps je trauaille au Ballet,
L'Office n'est enuié de personne,
Et ce n'est pas office de couronne
Quelque talent que pour couronne il ait :
  Ie ne suis plus si gay, ny si folet,
Vn noir chagrin me saisit au colet,
Et je n'ay plus que la volonté bonne,
  Ie suis trop las.
  De vous promettre à chacune vn couplet,
C'en est beaucoup pour vn homme replet,
Ie ne le puis (Troupe aymable & mignonne)
A tout le sexe en gros je m'abandonne,
Mais en détail ; ma foy, vostre valet,
  Ie suis trop las.

BALLET
DE FLORE.

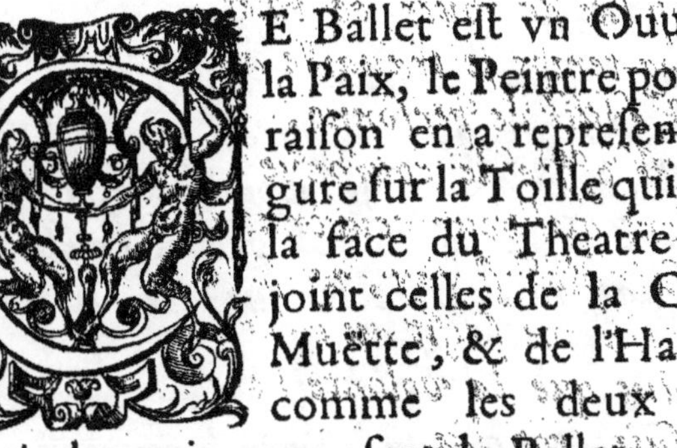

E Ballet est vn Ouurage de la Paix, le Peintre pour cette raison en a representé la figure sur la Toille qui couure la face du Theatre, il y a joint celles de la Comedie Muette, & de l'Harmonie, comme les deux parties principales qui composent le Ballet.

RECIT DE L'HYVER,
chanté par M. Blondel.
L'HYVER.

ENtouré de glaçons, de nége, & de frimas,
Ie vien pour admirer au plus beau des climas,
Vn Prince qui remplit ses vastes Destinées :
Il m'a veu le Temoin de ses derniers exploits,
Et mes jours les plus courts l'ôt veu plus d'vne fois
Effacer des Héros les plus grandes journées.

CHOEVR DES GLAÇONS.

Suite de l'Hyuer. Messieurs le Gros, d'Estiual, Gingan l'aisné, Dom, Gaye, Hedoüin, Fernon l'aisné, Beaumont, Fernon le cadet, Noblet, Rebel, Deschamps, Monier, Serignan. Laigu, Ieannot, Tierry, & Simon Pages.

Chœur de glaçons.

Célébrons en tous lieux
Son Nom glorieux,
La crainte qu'il inspire
Glace les cœurs qui voudroient tenir bon,
Et l'Hyuer dans son propre empire
Ne fait pas mieux trembler que cét auguste Nom.

L'Hyuer.

Des Torrens quand je veux le cours est aresté,
Mais je n'areste point ce Courage indomté,
Il gagne des combas, il emporte des Places:
L'Honneur est le premier de tous ses interests,
Et le rapide cours de ses nobles progrez
Ne peut estre vn moment retardé par mes Glaces.

Chœur de glaçons.

Célébrons en tous lieux
Son Nom &c.

PREMIERE ENTRE'E.

LE Soleil touché de voir toute la Nature
souffrir, & demeurer comme enseuelie
dans les longues nuits de l'Hyuer, la Terre couuerte de Néges, les arbres dépoüillez de leur
parure, les Fleuues troubles, les Fontaines gla-
cées, les vents se faisans vne cruelle guerre, &
excitans de continüels orages, prend la resolu-
tion de mettre fin à ces desordres, de donner la
paix à tout le monde, & y faire naistre vn Printemps qui dure toûjours. Il sort de la mer enuironné des plus beaux rayons dont il ait
jamais brillé, chasse l'Hyuer & toute sa suitte,
& change la face du Theatre en vne agreable
verdure. Il appelle les Elémens, commande à
la Terre de produire des fleurs, à l'Eau de se
retenir dans ses bords, & d'arroser doucement
les campagnes, à l'Air de dissiper les nüages
& les mauuaises vapeurs dont il est chargé,
& au Feu de se retirer dans sa Sphere, & pour
comble de bon-heur, il fait descendre Flore
du Ciel.

C

Le Soleil. LE ROY.
Quatre Elémens.
Monfieur le Grand.   *L'Air.*
Le Marquis de Villeroy.   *Le Feu.*
Le Marquis de Raffan.   *La Terre.*
M. Beauchamp.   *L'Eau.*

Pour SA MAIESTÉ, repreſentant LE SOLEIL.

SOLEIL, *de qui la gloire acompagne le cours,*
Et qu'on m'a veu loüer toûjours
Auec affez d'éclat quand voftre éclat fut moindre,
L'Art ne peut plus traiter ce fujet comme il faut,
Et vous eftes monté fi haut
Que l'Eloge, & l'Encens ne vous fçauroient plus
joindre.

Vous marchez d'vn grand air fur la tefte
des Rois,
Et de vos rayons autrefois
L'atteinte n'eftoit pas fi ferme, & fi profonde;
Maintenant je les voy d'vn tel feu s'alumer
Qu'on ne fçauroit en exprimer,
Non plus qu'en foûtenir la force fans feconde

Ie doute qu'on le prenne auec vous fur le ton
De Daphné, ny de Phaëton,
Luy trop ambitieux, Elle trop inhumaine,

Il n'est point là de piège ou vous puißiez donner
Le moyen de s'imaginer
Qu'vne Femme vous fuie, & qu'vn Homme vous
meine?

Pour les quatre Elémens.

COmme de son costé le Monde s'imagine
Que sans les Elémens il iroit en ruïne,
Aussi chaque Elément de son costé croit bien
Que le Monde en effet sans luy ne seroit rien,
Et qu'il est necessaire à la grande Machine.
Le Feu dés qu'il paroist croit qu'il va tout brûler,
L'Eau pour entraisner tout qu'elle n'à qu'à couler,
La Terre n'est qu'vn point, & se croit sans limites,
L'Air présume qu'il faut que tout cede au bel air,
Chacun est tourmenté de ses propres merites.

II. ENTREE.

FLore descend du Ciel sur vn nüage aussi lui-
sant que le Soleil, rien de pareil n'a esté veu
depuis la Naissance de Venus. Cette Déesse fait
tout l'honneur du Printemps , & remplit de
joye toute la Terre , il est facile en la voyant de
juger qu'elle a l'empire sur les fleurs tant elle en
est parée. Elle conduit auec elle la Beauté, la
Ieunesse, l'Abondance & la Felicité. Cette di-
uine Troupe se joint à celle du Soleil, & toutes
deux ensemble font vn spectacle de Grandeur,
de Majesté, de Graces, & de Charmes.

Flore. Madame la Ducheſſe de Sully, en la place de Madame. *Suite de Flore.*

    La Princeſſe d'Harcourt.   *La Beauté.*
    La Ducheſſe de Cheureuſe.   *L'Abondance.*
    La Comteſſe de Guiche.   *La Felicité.*
    Mademoiſelle de Touſſy.   *La Ieuneſſe.*

Pour Flore, & ſa ſuite.

I'En ay bien de la honte, il eſt vray, mais helas,
Ie vous l'ay déja dit, Belles, je ſuis trop las
Pour vous faire vne digne offrande,
Et vous rendre ſéparément
Ce qu'il eſt juſte qu'on vous rende,
Receuez donc mes vœux confuſément.

    * M. de Sully.
    Flore.

    L'vne * repreſente Flore,
Et la meſme par deſſus
Repreſente Madame encore,
Et cela c'eſt dire plus
Que Iunon, Pallas, & Venus
Qui firent deuant vn Homme
Tant de bruit pour vne pomme.

    * La Prin-
    ceſſe d'Har-
    court.
    La Beauté.

    Vne jeune * blonde à coſté
Nous éblouït de ſa blancheur extréme,
Elle fait ſi bien la Beauté,
Qu'on pouroit dans la verité
La prendre pour la beauté meſme.

Cette Brune * fait-elle vn pas?
Soit qu'elle marche ou qu'elle dance
Qu'elle n'étale en Abondance
Des agrémens & des apas
Que les plus aymables n'ont pas?

    La Duchesse de Cheureuse.
    L'Abondance.

Et cette autre charmante Brune *
Qu'on peut dire bonne fortune,
Puis qu'elle en prend la qualité
Compose la Felicité
De tous les yeux qui la regardent,
Dieu veuille que les cœurs s'en gardent.

    La Comtesse de Guiche.
    La Felicité.

Quant à cette merueille * où le Printemps est peint,
C'est la tendre Ieunesse en qui l'Amour se plaint
De ne pas trouuer vn cœur tendre,
Quoy que dans la jeunesse il en trouue à reuandre.

    Mademois. de Toussy.
    La Ieunesse.

D'vn Eloge plus long taschez de vous passer,
Est-ce à moy de vous encenser?
Me faudroit écrire vos loüanges
D'vn stile de sucre & de miel,
Et me fondre en douceurs étranges,
Vous estes toutes de vrais Anges,
Les Graces mesmes dans le Ciel
Ne font rien de meilleure grace,
Mais que voulez-vous que j'y fasse?

D

III. ENTREE.

LA Renommée ayant desia publié par tou
les faueurs du Soleil, & l'arriuée de Flore,
les Nymphes des Bois, des Prez & des Eau
sortent de leurs demeures où la rigueur les a
uoit si long-temps retenuës, viennent rendre
leurs Hommages à la Déesse, & la conjurent
de s'arrester en leur Contrée. Flore les reçoi
fauorablement, & leur témoigne le plaisir
qu'elle aura de leur rendre les biens que l'Hy-
uer leur auoit rauis.

Nymphes.

Madame de Coacquin.	*Nayade.*
La Marquise de la Valiere.	*Nayade.*
Madame de Castelnau.	*Nayade.*
Mademoiselle de Grancé.	*Nayade.*
Mademoiselle de la Mothe.	*Driade.*
Mademoiselle de Cologon.	*Driade.*
Mademoiselle de Raré.	*Driade.*

Pour les Nymphes.

Q*Voy pour m'embarasser encore sept Déesses,*
Ou Nymphes plaines d'apas?
Que de brillantes richesses
Qui ne me conuiennent pas!

Vous loüer dignement c'est vne tasche honneste
    Qui demande vn grand labeur,
    Pour l'auoir bien dans la teste
    Il faut l'auoir dans le cœur.

Il faut estre vn Amant qui soûpire, qui brûle,
    Et le suis-je à vostre endroit?
    Trouuez-vous pas ridicule
    La loüange de sens froid?

J'aurois beau vous loüer (Coacquin) le regard
    D'vn autre épris de vos yeux,   [tendre
    Si vous le vouliez entendre,
    Diroit plus, & diroit mieux.

Vous m'auez bien la mine (aymable la Valiere)
    Si je vous peins trait pour trait
    De ne vous soucier guere
    Du Peintre, ny du pourtrait.

Castelnau, si pour vous vne fois à ma plume
    Ie laissois prendre l'essor,
    Ie ferois vn gros volume,
    Et n'aurois pas fait encor.

Vos yeux sont beaux (la Mothe) & pour peu que
    En exprime la langueur,   [ma bouche
    Vous vous plaindrez que je touche
    Au secret de vostre cœur.

Cologon a du charme en toute sa personne,
Mais je n'aurois pas raison
D'aller dire qu'on soupçonne
Que son cœur est en prison.

Pour vous (jeune Grancé) n'aguere petit Ange,
A quoy bon me mettre en frais ?
Si vous manquez de loüange,
Amour manquera de traits.

Raré, de qui l'on aime, & de qui l'on respecte
Les attrais & la douceur,
Brille d'vn air qui n'affecte
Ny l'encens, ny l'Encensseur.

Vos Eloges me sont des écüeils ou j'auoüe
Que je craindrois d'échoüer,
Il faut aimer ce qu'on loüe
Afin de le bien loüer.

IV. ENTRE'E.

LE Printemps estoit aduerty de prendre possession du Monde, par l'entrée que le Soleil
venoit de faire, dans le premier des Signes
qui luy appartiennent. Le voila qui se mon-
tre en son plus bel appareil. Il conuie deux

Amours

Amours qui le ſuiuent, d'aller fondre ce qui
reſte de glace dans les lieux les plus retirez,
& les Zephirs qui l'accompagnent ordinaire-
ment, de ſe répandre dans les airs, & d'ouurir
de leurs douces haleines le ſein de la Terre,
pour la production des fleurs.

Le Printemps. Le Duc de Cheureuſe.
Deux Amours. Le Duc de Vandoſme,
    & le Cheualier de Vandoſme.
Quatre Zephirs. Le Comte de S. Germain d'Achon,
    Meſſieurs Paget, du Mont, & le Preſtre.

Pour le Duc de Cheureuſe.   *Printemps.*

VOs beaux, & vos jeunes ans
Repreſentent bien ce Temps
Où tout fleurit, & boutonne ;
Mais de voir vn ſi bon ſens
Auant l'âge qui le donne
Diroit-on pas que l'Autonne
Repreſente le Printemps ?

Pour le Duc, & le Cheualier de Vandoſme.
    Amours.

QVe ces tendres Amours vont faire aux cœurs
    la guerre,
Que d'actes merueilleux en diuerſes façons !

E

L'vn veut se signaler aux deux bouts de la Terre,
L'autre veut aualer la Mer & les poissons.

Pour les Zephirs.

COmme trop de respect icy vous accmpagne,
Vous n'oseriez souffler (Zephirs jeunes &
En récompanse à la campagne   [blons)
Vous estes de vrais Aquilons.

V. ENTRE'E.

LEs plus nobles & les plus ordinaires vsages des fleurs, ont toûjours esté de seruir de presens en Amour. Quatre Galans rencontrent icy des Iardiniers chargez de la dépoüille de leurs jardins, & en achetent des bouquets, pour les presenter à leurs Maistresses.

Iardiniers. Messieurs Eydieu, & Beauchamp, les Sieurs S. André, Noblet, Bonnard, Mayeu, Ioubert, & Chauueau.

VN pauure Homme dans son jardin
Va cultiuant soir & matin
Vne Fleur qu'il cherit dont le fresle destin

Veut que la Bise vienne, & qu'elle la renuerse:
Vn pauure Amant fait ce qu'il peut,
Et non pas toûjours ce qu'il veut,
Il pourfuit, preffe, il touche, émeut,
Entre fa Belle & luy fe lie vn doux commerce,
Dont il croit que le Temps ne viendra pas à bout;
Mais il vient à la trauerfe
Vn Riual qui gafte tout.

VI. ENTRE'E.

PEndant que les Iardiniers acheuent leur
Entrée, les Galans portent leurs bouquets
aux Dames, & aydent à leur ajufter; & les
vns & les autres égallement fatisfaits danfent
fur vn mefme Air. Comus fe prefente tout
couuert de fleurs, & fe joignant à cette troupe,
en eft reconnû pour le Dieu des Diuertiffemens,
& de la Galanterie: Il a neantmoins en fa main
vn épieu, qui marque que quelques autres in-
clinations le portent ailleurs.

Comus.   Le Duc de S. Aignan.
Galants.   Le Comte de Talard, Le Baron de Beauuais,
        Meffieurs Charon, & de Leftang.
Galantes.   Monfieur Lenfant, les Sieurs
        Fauier, Foignac, & la Vallée.

Pour le Duc de S. Aignan,
Comus Dieu des Festins.

IE flate, je caresse, & je fay bonne chere
Auec vn procedé ciuil, poly, sincere
Qui s'est fait admirer en mille endroits diuers,
Ie n'ay jamais seruy personne à plats couuers,
Mais quand il a falu briller dans vne armée,
Et qu'enfin les coûteaux sur table ont esté mis,
Demandez à la Renommée
De quel air on m'a veu traiter les Ennemis

Pour le Comte de Tallard, le Marquis de Chanualon, & le Baron de Beauuais. Galans.

TAllard brille déja parmy les plus adroits,
Sur les plus beaux talans son merite se fonde,
Aussi pour dire tout, sa Mere par deux fois
D'vne tendresse sans seconde
A pris soin de le mettre au monde.
Chanualon vers la gloire a le cœur tout porté,
Et ne cede à pas vn des Galands de son âge,
Beauuais a de l'esprit, de l'honneur, du courage,
Et mille qualitez outre la qualité
De Seigneur de nostre Village :
Tous trois pour des Galans vous estes fort jolu,
Agreables, bienfaits, beaux, jeunes, & polis,
N'ayant

N'ayant pour voſtre ſang aucune œconomie,
S'il en faloit verſer pour la gloire des Lis,
Mais par ou réueiller noſtre Muſe endormie?
Vous ſorteʒ de l'Academie,
Vos merites naiſſans peut-eſtre voudront bien
Qu'encore quelque temps ſur eux je me repoſe,
Et que je ne parle de rien
Que vous n'ayeʒ fait quelque choſe:
Qui veut de mon Encens n'a qu'à le meriter,
Mais je n'ayme point à flater,
I'ay pour les grands ſujets des reſources étranges,
Me voit-on par exemple épuiſé ſur le ROY
Qui me donne toûjours dequoy,
Ie veux dire, toûjours matiere de loüanges?

VII. ENTRE'E.

LE fonds du Theatre s'ouure, huit jeunes débauchez y paroiſſent aſſis au tour d'vne Table bien couuerte. Quatre Eſclaues entrent en dançant, les couronnent de fleurs, & leur preſentent des Taſſes couronnées de meſme. Les Anciens dans les Feſtins ſe ſeruoient de fleurs pour rabatre les fumées que le vin a de couſtume de faire monter à la Teſte.

Quatre Eſclaues. Les Sieurs Payſan, Peſan l'aiſné, Peſan, le cadet, & le Roy.

F

VIII. ENTRE'E.

LEs Efclaues retirez, & les Tables leuées, les débauchez dançent, & comme vne des fuites ordinaires des Feftins, & des débauches de Table, eftoit anciennement d'aller attacher aux portes des nouueaux mariez les Couronnes dont on s'eftoit feruy : Ceux-cy n'en oublient pas la couftume ; ils donnent mefme vne Se-renade, dont l'Hymen, l'Amitié, & la Fide-lité, font le Recit.

Serenade pour des nouueaux Mariez.

Mefd^{lles} de S. Chriftophle, Des-Fronteaux, & Mr Gaye.

TOVS ENSEMBLE.

QVe vous eftes heureux, jeunes cœurs lan-
guiffans,
Amour ce doux charme des fens
Ne veut plus contre vous vfer de tyrannie,
Qu'elle profufion de plaifirs innocens,
De folide bonheur, de tendreffe infinie !
Que vous eftes heureux, jeunes cœurs languiffans !

Mad.^{lle} de S. Chriſtophle.   *Seule.*

A Mans, que l'hymen a joins,
Vous allez gouſter la vie,
Emportez-vous un peu moins,
Et moderez voſtre enuie.
Ménagez des biens ſi doux,
Helas! vous attendez-vous
Que ce feu dure ſans ceſſe?
Prenez garde qu'à la fin
Ne ſe gliſſe le chagrin,
Et que l'Amour ne vous laiſſe.

Mad.^{lle} Des-Fronteaux.   *Seule.*

I L fuït de pareils liens
Ce Dieu délicat & tendre,
Et ſouuent meſme des ſiens
Il taſche de ſe déprendre.
Ménagez des biens ſi doux, &c.

TOVS ENSEMBLE.

Que vous eſtes heureux, &c.

ſuit débauchez. Monſieur Le Grand, Le Marquis
de Villeroy, Le Marquis de Raſſan. Monſieur de
Vitrac. Les Sieurs Chicanneau, Fauier l'aiſné,
la Pierre l'aiſné, & la Pierre le cadet.

QVoy, beaux Seigneurs, n'estes-vous pas
    honteux
D'estre toûjours débauchez comme ceux
Qu'vn peu de peine en amour importune ?
Comment, vous estes de tout point
Faits en gens à bonne fortune,
Cependant vous n'en auez point ?
Vous hantez les Damoiselles,
Mais pour ne point flater celles
Que par vn soin principal
Vous pretendez mettre à mal,
Ma foy, vous n'y voyez goute,
N'en déplaise à vos apas,
Vous les y trouuez sans doute,
Et ne les y mettez pas.

IX. ENTRE'E.

LE Marié & la Mariée fortent de leur maifon, & pour témoigner la fatisfaction qu'ils ont euë de la Mufique, joignent leur dançe à celle des débauchez.

Le Marié.   M. Beauchamp.

La Mariée.   M. Bonnard.

LEs Poëtes ont feint, que Zephire en fe mariant auec Flore luy donna vn jardin de toutes fortes de fleurs. Que l'Aurore y vient tous les matins pleurer la perte de fon fils Memnon, & que fes larmes font la rofée dont les fleurs prennent leur nourriture & leur vie. Que les Heures vont auffi-toft aprés dans le mefme jardin cueillir des fleurs, & les donnent aux Graces, pour en faire des Couronnes aux Dieux. C'eft le fujet des Entrées fuiuantes.

G

X. ENTRE'E.

LE Theatre change de face, le jardin de Flore paroift orné de toutes fortes de fleurs que l'Aurore arrofe de fes larmes.

L'Aurore. Le Sieur S. André.

XI. ENTRE'E.

QVatre des Heures veftuës de mille differentes couleurs, comme les anciens Poëtes les reprefentent, cueillent des fleurs, & les donnent aux Graces, qui en font des Couronnes pour les Dieux.

Quatre Heures. Les Sieurs Mayeu, Chauueau, Charon, & Fauier le cadet.
Trois Graces. Monfieur de Leftang, les Sieurs Arnald, & Foignac.

XII. ENTRE'E.

VErtumne Intendant des jardins viſite ceux de Flore, perſonne n'ignore les artifices que ce Dieu jeune & galant emploża pour ſe faire aymer de Pomone : Cette Nymphe le vit ſouuent déguiſé en Laboureur, en Faucheur, en Cueilleur de pommes, en Peſcheur, & en Vieille : Ce fut ſous cette derniere forme qu'il reüſſit. Peut-eſtre a-t-il aujourd'huy quelque nouueau deſſein, ſe faiſant ſuiure par les meſmes Figures.

Les Sieurs Chicanneau. *Vertumne.* La Pierre l'aiſné. *Laboureur.* La Pierre le cadet. *Peſcheur.* Fauier l'aiſné. *Vieille.* Pezan l'aiſné. *Faucheur.* Ioubert. *Cueilleur de pomme.*

Venus n'eſt jamais plus belle, que lors qu'elle ſe pare de fleurs ; auſſi ſe plaiſt-elle aux jardins de Flore : Elle y rencontre aujourd'huy le ſujet d'vn triſte ſouuenir. Ce n'eſt point la roſe qui fut teinte de ſon ſang, lors qu'vne épine de Rozier la bleſſa au pié. C'eſt l'Anemone qui luy remet deuant les yeux la perte d'Adonis, elle en renouuelle ſes plaintes, & témoigne aſſez la paſſion qu'elle auoit pour cét Amant.

PLAINTE DE VENVS,
SVR LA MORT D'ADONIS.
Mad^{lle} Hylaire.

AH ! quelle cruauté de ne pouuoir mourir
Et d'auoir vn cœur tendre & formé pour
souffrir !
Cher Adonis que ton sort est funeste,
Et que le mien est digne de pitié !
Vien, Monstre furieux, vien deuorer le reste,
Et n'en fay pas à moitié,
Que les traits de la mort auroient pour moy de
charmes !
Mais sur mes jours ils n'ont point de pouuoir,
Et ma diuinité réduit mon desespoir.
A d'éternels soûpirs, à d'éternelles larmes.
Ah ! quelle cruauté, &c.

Vous le voulez, Destins, est-il possible
Que luy mourant je conserue le jour,
Et ne deurois-je pas parestre aussi sensible
A sa mort qu'à son amour ?
Luy qui des Dieux jaloux attira le tonnerre,
Qui m'ayma tant, que je n'aymay pas moins,
Et qui par de si doux, & de si tendres soins
M'osta le goust du Ciel en faueur de la Terre.
Ah ! quelle cruauté, &c.

XIII.

XIII. ENTRÉE.

PLuton à l'ayde de douze Demons enleue Proserpine, pendant qu'elle s'amuse à cueillir des fleurs auec ses Compagnes, elle appelle sa mere à son secours, & laisse tomber du bas de sa robe les fleurs qu'elle auoit amassées, regrettant encore la perte de ces bouquets dans cét enleuement, tant est grande la simplicité qui accompagne sa jeunesse.

Proserpine, auec deux Compagnes.

Monsieur de la Lane.   *Proserpine.*

Les Sieurs Fauier l'aisné, & La Pierre l'aisné. *Compagnes.*

Pluton. M. Beauchamp.

Douze Demons. Monsieur de Beaumont, M. Eydieu, les Sieurs S. André, Noblet, Bonnard, Mayeu, Pezan l'aisné, Pezan le cadet, Ioubert, le Roy, Foignac, & la Vallée.

Pour Monsieur de la Lane.   *Proserpine.*

AGreable Proserpine,
L'on connoist à vostre mine
Qu'il est des feux & des fers
Ailleurs que dans les Enfers.

H

Pour Monſieur de Beaumont. *Démon.*

LEs Circez, & les Medées,
N'en auoient pas vn ſi bon,
Et pour croire aux Poſſedées
L'on n'a qu'à voir ce Démon.

XIV. ENTRE'E.

SIx Héros changez en fleurs paroiſſent en cette Entrée la Teſte couronnée, & leurs Eſcus chargez des meſmes fleurs, où ils ont eſté changez.

Narciſſe Berger changé en fleur de ſon nom, aprés auoir dédaigné la Belle Echo, & eſtre deuenu amoureux paſſionné de luy-meſme.

Adonis changé en Anemone par le pouuoir de Venus, aprés auoir eſté tüé d'vn Sanglier.

Hyacinthe en la fleur de meſme nom par Apollon qui l'aymoit, & l'auoit tüé ſans y penſer joüant au palet.

Ajax en vne autre eſpece d'Hyacinthe, s'eſtant tüé luy-meſme, pour n'auoir pas obtenu les armes d'Achilles, qu'Vliſſe luy diſputoit.

Acanthe en fleur jaune, eſtant mort de lanueur & de la jauniſſe, aprés la perte de ſa Maiſtreſſe.

Amaraque en fleur de Marjolaine eſtant mort de douleur d'auoir perdu les parfums precieux de Cynare Roy de Chypre ſon Maiſtre.

Ces ſix Héros diſputent entr'eux à qui de toutes les fleurs la Gloire & la Primauté doit appartenir, & ſemblent par leurs geſtes & par leurs regards appeller à leur ſecours les Dieux qui les ont changez, & comme la querelle s'échaufe le Ciel s'ouure, Iupiter qui y paroiſt appaiſe leur different, & leur fait prononcer par la voix du Deſtin que la préeminence des fleurs n'eſt deuë qu'aux Lys, & pour marque publique de cét arreſt ordonne que les Iardins de Flore ſeront changez en vn ſuperbe Temple conſacré à la Deeſſe Flore, & que toutes les Nations du Monde viendront luy rendre hommage, & reconnoiſtre le ſouuerain pouuoir des Lys.

Six Héros. Monſieur le Duc de Cheureuſe,
Le Comte de S. Germain d'Achon,
Meſſieurs Paget, du Mont,
le Preſtre, & de Vitrac.

Pour les Héros.   *Changez en Fleurs.*

AVtresfois des Héros furent changez en Fleurs,
Vous en portez les noms, les marques, les
  couleurs,
Et voudriez pouuoir renaistre de leurs cendres,
Vous estes en effet des Fleurs jeunes & tendres
Qui courez à la gloire, & fuyez le repos,
Afin que vous puißiez vous changer en Héros.

Iupiter, & le Destin.

IVPITER.   M. d'Estiual.

IVsqu'au plus haut des Cieux quel bruit vient
  delà bas?

LE DESTIN.   M. Le Gros.

De ces jalouses Fleurs accordez les debas
  Sur vn point de preséance
  Qui ne leur apartient pas.

IVPITER.

N'auons-nous pas tous deux mis la chose en
  balance
Par vn celebre Arrrest impose leur silance.

LE DESTIN.

Fleurs, qui fuftes jadis des Héros fignalez,
Ne préfumez plus tant de ce que vous valez,
Les Lis effacent tout par leur blancheur extrefme,
Et fur le Laurier mefme
Qui des Céfars paroit l'augufte front
Ces Lis l'emporteront.

De l'odeur de ces Lis l'Vniuers amoureux
Va bien-toft deuenir vn parterre pour eux,
Ou rien ne doit briller que leur éclat fuprefme,
Et fur le Laurier mefme, &c.

Iupiter, & le Deftin enfemble, Chantent ce qui
fuit pour LE ROY, & pour MADAME,
qui deuoit reprefenter Flore.

IEunes Lis, qui femblez, ne faire que d'éclore,
Vous auez deux brillans emplois,
Vous courõnez l'Amour fur le beau teint de Flore,
Et fur le front du plus puiffant des Rois
Qui traifne aprés luy la victoire,
Vous couronnez la gloire.

QVINZIESME ET DERNIERE ENTRE'E.

LEs Iardins de Flore diſparoiſſent, & au meſme lieu s'éleue vn Temple magnifique dedié à l'honneur de Flore, les Lys y regnent de
toutes parts, & en font le principal ornement.
Il eſt enuironné de Tribunes deſtinées à la Muſique. Les quatre Parties du Monde repreſen-
tées par quatre Dames arriuent au bruit de
cette merueille, & par vn recit appellent
à la Feſte de la Déeſſe toutes les Nations
qui leurs font ſujettes. Deux Trompettes
marchent à la teſte de quatre Quadrilles, &
joignant leur chant aux diuers Chœurs de Muſique font vn Concert qui n'auoit point encore eſté oüy. La Marche finie la Quadrille des
Européens ſe preſente la premiere, & apres
auoir danſé d'vn air graue & ſerieux ſe retire
au fonds du Theatre, les Affricains inuenteurs
des danſes de Caſtagnettes entrent d'vn air plus
gay, ils font ſuiuis des Aſiatiques & des Ameriquains, les Européens les rejoignent, & tous
enſemble forment au fon des Canaries les plus
agreables figures que l'art ait encore trouuées.
Huit Faunes ſe meſlent à cette danſe, quatre

portent fur leur tefte des Corbeilles de fleurs,
les quatre autres tiennent à la main des Ma-
chines garnies de Tambours de Bifcaye ornez
de fleurs, qui feruent à vne Batterie toute nouuelle, le Theatre fe trouue couuert de Feftons.
L'Europe & l'Afie font vn fecond recit, l'Af-
frique & l'Amerique y répondent. La Mufique & la danfe fe fuiuent alternatiuement, cependant l'image de Flore qui s'eftoit monftrée
au fonds du Temple en eft portée au milieu,
les Faunes la couronnent de fleurs, les Nations luy rendent le culte qui luy eft deu, &
reconnoiffent l'Empire des Lys pour le premier de l'Vniuers.

TEMPLE DE FLORE.

Les Quatre-Parties du Monde. Mefd^{lles} Hylaire,
de S. Chriftophle, Des-Fronteaux,
& Aubry.

Mad^{lle} Hylaire.

A Mour, *n'eft-ce point vous qui par tant de
merueilles*
Charmez nos yeux, & nos oreilles ?
Sans vous tout déplaift en effet,
C'eft par vous que des Dieux la Troupe eft diuertie,

Amour, il n'est rien de bien fait
Si vous n'estes de la partie.

TOVTES.

Amour, il n'est rien de bien fait,
Si vous n'estes de la partie.

Mad^{lle} Des-Fronteaux.

Il n'est point de plaisir qui ne semble imparfait

Mad^{lle} de S. Christophle.

Point de felicité plainement ressentie.

Mad^{lle} Aubry.

Le cœur ne gouste rien dont il soit satisfait.

TOVTES.

Amour, il n'est rien de bien fait,
Si vous n'estes de la partie.

Mad^{lle} Hylaire.

En vain pour les plaisirs icy tout se prepare,
L'air s'embellit, le Ciel se pare,
Sans vous tout déplaist en effet, &c.

POVR LE ROY. *Européen.*

L'Europe de tout temps a paru plus féconde
En Illustres Héros que le reste du monde,
La gloire, la grandeur, l'exacte fermeté,
Le courage, l'esprit, la sagesse profonde
En sujets differens ont chez elle habité,
Et César, & Caton les partageoient dans Romme;
Toutes ces qualitez jointes en mesme lieu
Sur le Throsne François acompagnent vn Homme
Que dans l'Antiquité l'ont eut pris pour vn Dieu,
Et qui se fait connoistre assez sans qu'on le nomme.

Auec étonnement l'Vniuers le remarque,
Comme vn Pilote expert il sçait mener sa Barque,
Ses moindres actions le découurent d'abord,
Et l'on n'a pas grand' peine a chercher le Mo-
    narque,
On le trouue à sa mine, à sa taille, à son port :
Le Ciel luy reseruoit ce degré de puissance,
Quand mesme par le sang il ne l'auroit point eu
Tout se seroit rangé sous son obeïssance,
Et le Sceptre eust esté le prix de sa Vertu,
S'il ne l'auoit receu du droit de sa Naissance.

K

Grande Musique.

VEnez, peuples diuers,
A cette grande Feſte,
Venez, tout l'Vniuers:
Que la Trompette en teſte
Se meſlent à nos Concers,
Et forme dans les airs
Vne douce tempeſte.
    Venez, &c.

Mad^{lle} Hylaire, & Mad^{lle} Des-Fronteaux.

PEuples & Rois,
Tout gémit ſous le poids
Des amoureuſes chaiſnès;
Leurs fortunes ſont plaines
De contraires emplois,
Et toutefois
Ils ſouffrent meſmes peines,
Et ſuiuent meſmes loix,
    Peuples, &c.

Mad^{lle} de S. Chriſtophle, & Mad^{lle} Aubry.

C'Eſt en cela
Qu'Amour qui tout régla
Veut que chacun conuienne;

Il n'est sceptre qui tienne,
Iamais rien n'égala
Les traits qu'il a,
De quelque lieu qu'on vienne
Il en faut venir là.
C'est en cela, &c.

Grande Musique.

CHarmons icy toute la Terre,
Que le bruit mesme de la guerre
Devienne vn bruit melodieux :
Et que de nos Concers la douceur infinie
Réponde à l'harmonie
Dont le Ciel diuertit les Dieux.

HOMMAGE
Des quatre Parties du Monde,
A MADAME.

L'EVROPE.

Offrons à la Princesse un cœur soûmis &
    tendre,
C'est un hommage pur qu'elle doit bien souffrir.

L'ASIE.

C'est faire prudemment de luy vouloir offrir
Ce que nous ne sçaurions l'empescher de nous
    prendre.

L'AFFRIQVE.

Quel bruit font ces beaux yeux sur la terre &
    sur l'onde,
Que d'esprit, que d'attrais dont les cœurs sont
    vaincus.

L'AMERIQVE.

C'est beaucoup qu'il soit vray, mais c'est encore
    plus
D'en faire conuenir les quatre parts du monde.

LES

LES QVATRE PARTIES

*du Monde, dançantes par quatre Quadrilles,
de quatre personnes chacune.*

LA PREMIERE QVADRILLE.

Les Européens.

LE ROY.

Le Marquis de Villeroy, le Marquis de Raffan,
& le Sieur La Pierre l'aifné.

SECONDE QVADRILLE.

Les Affriquains.

Messieurs Eydieu, Beauchamp, les Sieurs S. André,
& Fauier l'aifné.

TROISIESME QVADRILLE.

Aziatiques, où Persiens.

Les Sieurs Noblet, Mayeu, la Pierre le cadet,
& de Leftang.

L

QVATRIESME QVADRILLE.

Ameriquains.

M. L'Enfant, les Sieurs Chicanneau,
Bonard, & Arnald.

Huit Faunes.

Les Sieurs Payfan, Pefan l'aifné, Pefan le jeune,
Ioubert, Chauueau, le Roy,
Foignac, & Charon.

Les quatre Parties du Monde concertantes, font

Deux Trompettes Allemandes.

Les Sieurs Marcs, &

Quatre Femmes.

Mefd^{lles} Hylaire, de S. Chriftophle,
Des-Fronteaux, & Aubry.

Voix du Temple.

Meffieurs le Gros, d'Eftiual, Bonny, Beaumont,
Hedoüin, Gaye, Gingan l'aifné, Gingan le cadet,
Don, Serignan, Fernon l'aifné, Fernon le cadet,
Dauid, Reuelois, Orat, Monier, Defchamps,
Rebel, Sanfon, Oudot.
Ieannot, Laigu, Simon, & Thierry Pages.

Grands, & Petits Violons, par quatre Quadrilles.

PREMIERE QVADRILLE.

Cinq hommes Européens.

Les Sieurs du Manoir, Mazuel, Chaudron,
Fauier, & Bruſlard.

Cinq femmes Européennes.

Les Sieurs Bruſlard le cadet, Feugré, Balus,
Deſmatins, & du Pin.

SECONDE QVADRILLE.

Six hommes Affriquains.

Les Sieurs le Roux l'aiſné, le Roux le cadet, Guenin,
le Grais, Halais, & Reffiet.

Six femmes Affriquaines.

Les Sieurs Roullé, Magny, Deſtouches, Foſſart,
Charpentier, & Roullé ſecond.

TROISIESME QVADRILLE.

Six hommes Aſiatiques, ou Perſiens.

Les Sieurs Camille, Leſpine, Bernard,
des Noyers, S. Pere, & Leger.

Six femmes Persiennes.

Les Sieurs Ioubert, Varin, Mercier, Cheuallier, la Place, & Lique.

QVATRIESME QVADRILLE.

Cinq hommes Ameriquains.

Les Sieurs Huguenet l'aisné, Huguenet le cadet, la Caisse l'aisné, la Caisse le cadet, & Broüard.

Cinq Femmes Ameriquaines.

Les Sieurs Marchand, la Fontaine, Charlot, Martinot pere, & Martinot fils.

Flutes, & Haut-Bois.

Les Sieurs Piesche pere, & fils, Descousteaux, Philbert, Louis Hottere, Nicolas Hottere, Rousselet, & Ferier.

F I N.